Rund um (

All Through the Year

Susanne Böse   Sigrid Leberer

Edition bi:libri

die Vögel (pl.)

birds

der Sonnenstrahl

sunbeam

das Nest

nest

Hurra, die Sonne scheint!
Niklas spürt es genau: Jetzt im März kommt
der Frühling. Die Luft riecht schon ganz anders als
im Winter. Auch die Vögel freuen sich über die ersten Sonnenstrahlen.
Sie zwitschern hundert verschiedene Lieder. Viele bauen schon ihre Nester.
Sie fliegen ständig hin und her, um Zweige und Moos zu sammeln.
Siehst du den Specht? Was macht er?

Hooray! The sun is shining! Nicholas can feel it: it's March now and spring is coming.
The air already smells really different than in winter. The birds are enjoying the first
sunbeams, too. They're chirping a hundred different songs. Many of them are already
building their nests. They keep flying back and forth, gathering twigs and moss.
Do you see the woodpecker? What is it doing?

der Zweig

twig

das Moos

moss

das Gras

grass

der Specht

woodpecker

Einige Wochen später bekommen die Bäume schon ihre ersten Blätter.
Alles wird grün. Niklas darf mit seinem Opa auf dem Traktor die Felder einsäen.
Danach besucht er das neugeborene Lämmchen Elsa. Plötzlich ist Aprilwetter:
Es hagelt und regnet – bei Sonnenschein! Oh, ein Regenbogen!

A few weeks later, the first leaves can be seen on the trees. Everything turns green.
Nicholas gets to ride on the tractor and help his Grandpa sow the fields.
Then he visits the newborn lamb, Elsa. Suddenly typical April weather sets in:
it hails and rains – while the sun's shining! Hey, a rainbow!

das Lamm

lamb

das Schaf

sheep

der Regen

rain

der Regenbogen

rainbow

Nun wird es Tag für Tag wärmer. Niklas und seine Freunde spielen jetzt im Mai
am liebsten draußen: Sie fahren Fahrrad, spielen Fußball oder bauen ein Lager.
Was isst das Mädchen gerade?

It's getting warmer day by day. Now, in May, Nicholas and his friends
like to play outside: they ride their bikes, play soccer or build a fort.
What is that girl eating?

das Fahrrad

bike

der Fußball

soccer ball

das Eis

ice cream

Der längste Tag des Jahres ist im Juni: Die Sonne geht sehr früh auf und es wird erst sehr spät dunkel. Niklas darf im Zelt übernachten. Hoffentlich regnet es nicht! Ob heute Nacht wohl die Glühwürmchen fliegen?

The longest day of the year is in June: the sun rises really early and it doesn't get dark until very late. Nicholas gets to sleep out in the tent. Hopefully it won't rain! Will the fireflies be out tonight?

die Sonne

sun

das Zelt

tent

das Glühwürmchen

firefly

der Zaun

fence

In den Sommerferien geht Niklas oft mit seiner Familie ins Freibad. Rutschen, tauchen, plantschen, springen – das macht Spaß! Niklas schwimmt mit seinem Papa um die Wette. Was macht seine Mama?

During the summer holidays, Nicholas often goes with his family to the outdoor pool. Sliding, diving, splashing and jumping – what fun! Nicholas swims a race against his dad. What is his mom doing?

das Schwimmbad

swimming pool

die Rutsche

slide

das Buch

book

das Sprungbrett

diving board

Im August sind der Mais und das Getreide reif.
Niklas hilft seinem Opa bei der Ernte. Puh, ist das heiß!
Da hilft nur noch Ausruhen im Schatten des großen Apfelbaums.

In August the corn and other grains are ripe. Nicholas helps his grandpa
with the harvest. Boy, it's hot! There's only one thing that will help:
resting in the shade of the big apple tree.

der Mais

corn

der Schatten

shade

der Apfelbaum

apple tree

das Getreide

grain

Einen Monat später sind die Äpfel am Baum rot und süß.
Papa pflückt sie und Niklas backt mit seiner Mama
Apfelkuchen. Im Garten versteckt das Eichhörnchen
Nüsse und Tannenzapfen für den Winter.

A month later, the apples on the tree are red and sweet.
Dad picks them and Nicholas bakes an apple cake with
his mom. In the yard, the squirrels are hiding
nuts and pine cones for the winter.

der Apfelkuchen

apple cake

das Eichhörnchen

squirrel

die Haselnuss

hazelnut

der Tannenzapfen

pinecone

Im Herbst sind die Tage schon kürzer. Auf Opas Acker sammeln sich Wildgänse und andere Vögel, um gemeinsam nach Süden zu fliegen. Oma erklärt Niklas, dass die Natur jetzt bald eine Pause einlegt. Die Blätter der Bäume färben sich ganz bunt. Alles leuchtet in den schönsten Farben. Was sammelt Niklas?

der Acker

field

die Wildgans

wild goose

das Blatt

leaf

das Laub

fallen leaves

In the fall the days get shorter. Wild geese and other birds gather together on Grandpa's field before flying south for the winter. Grandma explains to Nicholas that nature is soon going to be taking a break. All the leaves on the trees are turning. Everything is shining in a blaze of color. What is Nicholas collecting?

die Kastanie

chestnut

der Baum

tree

die Eichel

acorn

Es ist stürmisch. Der Novemberwind schiebt riesige Wolken über den Himmel und wirbelt Blätterhaufen durcheinander. Abends macht Niklas mit seinen Eltern ein Lagerfeuer mit Würstchen und Stockbrot. Um sie herum steigt Nebel auf.

It's stormy. The November wind is pushing huge clouds across the sky and swirling piles of leaves around. In the evening, Nicholas and his parents build a bonfire to roast hotdogs and make bread-on-a-stick. The fog rolls in around them.

die Wolke

cloud

das Lagerfeuer

bonfire

das Holz

wood

der Nebel

fog

Im Dezember ist Winteranfang. Es wird nun sehr früh dunkel und nachts gibt es häufig Frost. Dann sind die Bäume morgens ganz weiß und die Gehwege und Straßen glatt und rutschig. Igel und Fledermaus halten nun Winterschlaf.

The first day of winter is in December. It gets dark very early and frost settles in at night. In the morning the trees are all white and the sidewalks and streets are slippery. The hedgehogs and the bats are hibernating.

der Frost

frost

der Igel

hedgehog

die Fledermaus

bat

die Straße

street

Im Januar liegt viel Schnee. Niklas und seine Freunde bauen einen großen Schneemann und rodeln den Berg hinunter, bis ihre Gesichter knallrot vor Kälte sind. Manchmal fahren sie auch Ski oder laufen Schlittschuh.

In January there's lots of snow. Nicholas and his friends build a big snowman and go sledding on the hill until their faces are bright red from the cold. Sometimes they go skiing or ice skating.

der Schnee

snow

der Schneemann

snowman

der Schlitten

sled

die Schlittschuhe (pl.)

skates

Dann beginnt langsam der Schnee zu schmelzen. Überall tropft und plätschert es. Hier und da strecken die ersten Blumen schon ihre Köpfchen aus der Erde. An den Futterhäuschen der Vögel ist jetzt viel Betrieb. Die Natur erwacht wieder zum Leben.

Then the snow slowly starts to melt. Everywhere water is trickling and dripping. Here and there, the first flowers poke their heads out of the earth. And there's lots of activity at the bird feeder. Nature is coming back to life.

der Tropfen

drop

die Blume

flower

das Futterhäuschen

bird feeder

die Erde

earth

Frühling
spring

Winter
winter

Mai
May

April
April

März
March

Februar
February

Januar
January

Dezember
December